W9-AMP-084

Animales en peligro

por Ellen Catala

Consultant: Robyn Barbiers, D.V.M.,
Vice President, Lincoln Park Zoo

Libros
sombrilla
amarilla
para lectores principiantes

Libros sombrilla amarilla are published by Red Brick Learning
7825 Telegraph Road, Bloomington, Minnesota 55438
http://www.redbricklearning.com

Editorial Director: Mary Lindeen
Senior Editor: Hollie J. Endres
Senior Designer: Gene Bentdahl
Photo Researcher: Signature Design
Developer: Raindrop Publishing
Consultant: Robyn Barbiers, General Curator, Lincoln Park Zoo, Chicago, Illinois
Conversion Assistants: Katy Kudela, Mary Bode

Library of Congress Cataloging-in-Publication Data
Catala, Ellen
  Animales en peligro / by Ellen Catala
      p. cm.
  ISBN 13: 978-0-7368-7324-6 (hardcover)
  ISBN 10: 0-7368-7324-4 (hardcover)
  ISBN 13: 978-0-7368-7410-6 (softcover pbk.)
  ISBN 10: 0-7368-7410-0 (softcover pbk.)
  1. Endangered species—Juvenile literature. I. Title. II. Series.
  QL83.C28 2005
  591.68—dc22
                                             2005016208

Adapted Translation: Gloria Ramos
Spanish Language Consultant: Anita Constantino

Photo Credits:
Cover: PhotoDisc Images; Title Page: Jupiter Images; Page 2: Digital Vision Photos;
Page 3: Ford Kristo/Taxi; Page 4: Digital Vision Photos; Page 5: Jacques Langevin/Corbis;
Page 6: Creatas Photos; Page 7: PhotoDisc Images; Pages 8 and 9: Digital Visionl; Page 10:
Gerry Ellis/Digital Vision Photos; Page 11: Frant Faint/The Image Bank; Page 12: D. Robert &
Lorri Franz/Corbis; Page 13: W. Perry Conway/Corbis; Page 14: Terry Whitaker; Frank Lane
P/Corbis; Page 15: Martin Barraud/Stone

1 2 3 4 5 6 11 10 09 08 07 06

Contenido

Introducción. 2

Elefantes africanos 4

Leopardos de las nieves. 6

Osos polares 8

Guacamayos rojos 10

Los hurones de pata negra 12

Rescatando a los animales. 14

Glosario. 16

Índice 17

Introducción

Los animales viven por todas partes del mundo. Para sobrevivir, necesitan comida, agua y refugio. El lugar donde vive un animal es su hábitat.

La gente también necesita donde vivir. A veces les quitamos espacio a los animales. A veces los cazamos o los capturamos. Algunos animales están **al borde de la extinción** porque están en peligro de desaparecer de nuestro mundo para siempre.

Elefantes africanos

Los *elefantes africanos* viven en las
praderas de África. Comen una variedad
de plantas. Necesitan mucha comida
cada día para sobrevivir.

La gente de África también necesita comer. Algunas personas han construido sus granjas en las praderas. Esto les ha quitado espacio a los elefantes.

Leopardos de las nieves

Los *leopardos de las nieves* viven en las montañas de Asia. Allí hay mucha nieve y hace mucho frío. Su pelaje es grueso y los mantiene caliente.

La gente caza los leopardos de las nieves porque quieren su pelaje. Es ilegal cazarlos, pero hay gente que lo hace de todas maneras. A esto se le llama **caza furtiva**.

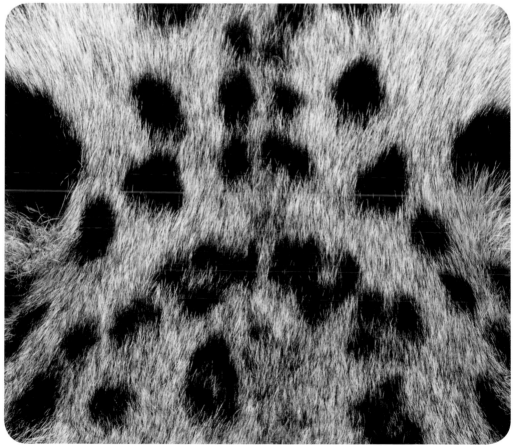

Osos polares

Los *osos polares* viven en el Ártico. Cazan focas en el hielo. Cuando comen focas, los osos polares engordan. Esta grasa les permite sobrevivir sin comida durante el verano.

Reciéntemente, los inviernos del Ártico no han sido tan fríos. El hielo no se queda congelado por tanto tiempo. Los osos polares no tienen tanto tiempo para cazar y engordar.

Guacamayos rojos

Los *guacamayos rojos* viven en las **selvas tropicales** de América Central y América del Sur. Son pájaros muy lindos y mucha gente los quiere tener como mascotas.

Hay gente que captura los guacamayos rojos y los vende. No piensan en que pasaría si desaparecen muchos guacamayos rojos de la selva tropical.

Los hurones de pata negra

Los *hurones de pata negra* vivían en las **praderas** de América. Comían *perritos de las praderas*. Cuando llegaron los granjeros, los perritos de las praderas se fueron a vivir a otras partes. Por eso, los hurones de pata negra llegaron a estar al borde de la extinción.

Hay personas trabajando para rescatar a los hurones de pata negra. Los crían en **cautividad** y algún día esperan llevarlos a vivir a su hábitat.

Rescatando a los animales

Cada animal tiene una parte en mantener nuestra Tierra viva. Todos podemos trabajar juntos para rescatar los animales al borde de la extinción. Con nuestra ayuda no estarán en peligro de desaparecer de nuestro mundo para siempre.

El primer paso es saber qué animales están en peligro. Por eso, los científicos cuentan y siguen las pistas de diferentes animales. Otra manera de ayudar es crear lugares especiales llamados **reservas**. ¿Qué ideas tienes tú para rescatar animales que estén en peligro?

Glosario

al borde de la extinción
la frase que se usa para describir qué animales están en peligro de desaparecer del mundo para siempre

cautividad
un zoológico u otro lugar protegido

caza furtiva
cazar animales ilegalmente

praderas
espacios grandes y llanos donde crecen la hierba y los arbustos

reserva
un terreno donde los animales viven sin ser molestados por la gente

selva tropical
una selva donde llueve todo el año

Índice

al borde de la extinción, 3, 12, 14
captura, 11
desaparecer, 3, 14
granjas, 5
hábitat, 2, 13
pelaje, 6, 7
sobrevivir, 2, 4, 8

Word Count: 450
Guided Reading Level: K